# I TAROCCHI ITALIANO
# ITALIAN TAROT

## Dual Language Book
## Italian — English Translation

Alessandra Luciano

Copyright © 2019 Luciano, Alessandra, All Rights Reserved. No part of this publication may be reproduced, stored, or transmitted by any means — whether auditory, graphic, mechanical, or electronic — without written permission of both publisher and author, except in the case of brief excerpts used in critical articles and reviews. Unauthorized reproduction of any part of this work is illegal and is punishable by law with the exception of public domain materials contained herein.

ISBN 13: 978-1948909-457
EAN-13 9781450527910

... for the boys

Les Saltimbanques
(The Entertainers)
by Gustave Doré

# Indice

| | |
|---|---|
| Introduzione | 1 |
| I Tarocchi Italiano | 3 |
| Il Metodo di Nostradamus | 7 |
| Le Sei Ruote Della Sibilla | 11 |
| Metodo Della Zingara | 15 |
| Metodo Delle Perle di Iside | 19 |
| I Quattro Elementi Dei Tarocchi | 23 |
| I Numeri | 27 |
| Il Significato Dei Semi | 31 |
| Le Carte Della Corte | 35 |
| Gli Arcani Maggiori | 39 |
| Significati Importanti della Carta Di Arcana | 43 |
| Gli Arcani Miniori | 65 |
| Coppe | 71 |
| Bastoni | 87 |
| Pentacoli | 103 |
| Spade | 119 |
| Riferimenti | 137 |

# Index

| | |
|---|---|
| Introduction | 1 |
| Italian Tarot | 5 |
| The Method of Notradamus | 9 |
| The Six Wheels of Sybil | 13 |
| Method of the Gypsy | 17 |
| Method of the Pearls of Isis | 21 |
| The Four Elements of Tarot | 25 |
| The Numbers | 29 |
| The Meaning of Suits | 33 |
| The Court Cards | 37 |
| Major Arcana | 39 |
| Major Arcana Card Meanings | 43 |
| Minor Arcana | 67 |
| Cups | 71 |
| Wands | 87 |
| Pentacles | 103 |
| Swords | 119 |
| References | 137 |

**Filippo Maria Visconti**
The Duke of Milano
23 Settembre 1392 — 13 Agosto 1447

# Introduction

The first known Tarot deck was commissioned by Filippo Maria Visconti.

The decks were originally called carte da trionfi, triumph cards, and the additional cards known simply as trionfi, which became "trumps" in English.

The first literary evidence of the existence of carte da trionfi is a written statement in the court records in Ferrara, in 1442.

The oldest surviving Tarot cards are from fifteen fragmented decks painted in the mid 15th century for the Visconti-Sforza family, the rulers of Milan.

# I TAROCCHI ITALIANO

Come molti ormai sanno, i Tarocchi classici sono composti da 78 carte, la cui vera origine, nonostante le innumerevoli ipotesi, è tuttora avvolta nel più fitto mistero. Le prime 22 carte, le più importanti del mazzo, sono costituite da immagini allegoriche di valore iniziatico, dette Arcani Maggiori; le successive 56, divise in quattro semi (spade, coppe, denari e bastoni) di 14 carte ciascuno, sono dette Arcani Minori.

La lettura dei tarocchi si articola fondamentalmente in tre fasi principali, cosù suddivise: la prima, di concentrazione e preparazione, detta smazzata; la seconda, relativa alla scelta e alla sistemazione delle carte, detta disposizione (anticamente incanto) e la terza, incentrata sulla interpretazione vera e propria.

La persona che intende interrogare la sorte attraverso le carte è detta il consultante o postulante, mentre chi deve interpretare le carte è chiamato interprete, lettore o operatore. Entrambi devono porsi l'uno di fronte all'altro, badando di non incrociare le gambe, seduti ad un tavolo preferibilmente scuro, in un ambiente tranquillo e non eccessivamente luminoso, che favorisca la concentrazione e un'adeguata apertura mentale, necessarie ad un corrento consulto divinatorio.

Come in qualsiasi alttro settore, anche nelle discipline divinatorie esistono persone naturalmente prediposte e particolarmente dotate, tecnico, come le carte per le quali il supporto ad esempio, costituisce soltanto un mezzo per canalizzare e sviluppare, o amplificare, le proprie facoltà occulte o paranormali.

Spesso, ma non sempre, tali caratteristiche che predispongono alla chiaroveggenza, alla precognizione, alla spontaneamente e impercettibili o ben telepatia, si manifestano imprevedibilmente attraverso tangibili segnali, quali sogni premonitori, presentimenti, intuizioni di particolare rilievo, fenomeni di telepatia o percezione di eventi lontani e futuri ecc. Si tratta di certi aspetti di una forma di ipersensibilità, che permette a tali individui (che in pratica dispongono di antenne più potenti, delicate e sensibili — infatti questi soggetti sono comunemente definiti sensitivi — dell'uomo comune) di percepire o captare messaggi che trascendono i sensi ordinari.

Ogni essere umano può tuttavia disporre in modo maggiore o minore di queste facoltà, purché come accade normalmente in qualsiasi altra disciplina, vi si dedichi seriamente, con costanza e assiduità, cercando di impegnarsi in esercizi pratici adeguati.

A questo proposito, la cartomanzia, come ogni altra forma divinatoria, costituisce un ottimo strumento per coltivare, incrementare e perfezionare le proprie attitudini e valorizzare la proprie capacità in questo campo. Concentrandosi sui simboli arcani dei tarocchi si aprono i canali più sensibili e gli angoli più ricettivi della mente e dalle carte emergono storie e immagini in cui l'originario significato assume soltanto il ruolo di punto di riferimento, filtrato e intepretato dalla sensibilità del cartomante. I metodi per disporre i tarocchi sono molti e alcuni estremamente complessi.

In questa guida introduttiva ne esporremo soltanto alcuni, dai meno impegnativi ai più importanti, rimandando gli interessati ad una più ampia visione della materia, ai testi e ai mazzi di carte pubblicati dalle Edizioni Rebische che compongono la nostra collezione dedicata all'arte della cartomanzia.

# ITALIAN TAROT

As many of you already know, classic Tarot cards consist of 78 cards, whose true origin, the subject of many theories, remains wrapped in mystery. The first 22 cards, the most important of the deck, consist of allegorical images of an initiating nature called Major Arcanes; the following 56, divided into four suits (spades, cups, coins and clubs) of 14 cards each, are called Minor Arcanes.

The reading of tarot cards is based on three main phases as follows: the first, which includes concentration and preparation, is called distribution; the second phase, related to the choice and arrangement of the cards, is called layout (formerly "incanto", or incantation); the third phase, focuses on the actual interpretation.

The person who wishes to inquire about his destiny through the cards is called a consultant or postulant, while the person who interprets the cards is the interpreter, reader or operator. The two must sit facing each other, taking care not to cross their legs, sitting at a table, preferably a dark one, in a quiet environment not too brightly lit, to promote the concentration and adequate opening of the mind necessary to achieve a fruitful divinatory consultation. As in any other field, even in the divinatory disciplines there are individuals who are naturally predisposed and especially gifted, for whom a technical support such as the cards, for example, represents only a means to channel and develop, or amplify, their occult or paranormal faculties.

Often, but not always, such characteristics that predispose an individual to clairvoyance, precognition, and telepathy are manifested spontaneously and unexpectedly through signals that are imperceptible or very tangible, such as premonitory dreams, premonitions, especially strong intuition, telepathic phenomena or perception of distant, future events etc. These are some aspects of a form of hypersensitivity which allows such individuals (who in effect have more powerful antennas, delicate and sensitive — in fact theses subjects are commonly defined as sensitives — than the common man) to perceive or capture messages that transcend the ordinary senses.

Every human being can possess these faculties in varying degrees, as long as he seriously dedicates himself to them with patience and perseverance and tries to commit himself to carry out adequate practical exercises. For this purpose, cartomancy, as any other form of divination, represents an excellent tool for cultivating, increasing and perfecting one's own aptitudes in this field.

By concentrating on the arcane symbols of the tarot cards, the most sensitive channel and most receptive corners of the mind are opened, and from the cards emerge stories and images whose original meaning serves only as a point of reference, filtered and interpreted through the sensitivity of the cartomant reader.

The methods used to lay out the tarot cards are many, and some are extremely complex. In this introductory guide we will describe only a few of these methods, from the least difficult to the most important, and for a more extensive information on the subject we refer those who are interested to the texts and card decks published by Edizioni Rebis which are part of our collection dedicated to the art of cartomancy.

# IL METODO DI NOSTRADAMUS

Si tratta di un antico sistema, abbastanza semplice ma ancora oggi seguito e apprezzato dalla maggior parte dei cartomanti professionisti. Si possono utilizzare tanto gli arcani maggiori da soli, quanto il mazzo intero. Dopo aver mischiato le carte sette volte e alzate (se si opera per se) o fatto alzare (se si opera per un'altra persona) il mazzo, si dispongono gli arcani secondo lo schema riportato nell'illustrazione e si procede all'interpretazione osservando le seguenti indicazioni:

Card No. 1 la situazione presente, in generale
Card No. 2 la situazione immediata, più vicina al soggetto
Card No. 3 la meta, le aspirazioni, il destino
Card No. 4 il passato
Card No. 5 gli avvenimenti recenti
Card No. 6 il futuro
Card No. 7 il soggetto stesso, la sua personalità, i suoi interessi ecc.
Card No. 8 i rapporti l'ambiente, le conoscenze, ecc interpersonali, amicizie, le
Card No. 9 la sfera intima, i segreti
Card No. 10 sintesi finale

Nel caso si utlizzino soltanto i 22 arcani maggiori, il gioco deve limitarsi a un solo giro di carte (naturalmente può essere ripetuto, mischiando di nuovo le carte e procedendo a un secondo consulto); se invece si adopera il mazzo completo, si prosegue fino ad esaurimento delle carte, sovrapponendole alle precedenti e interpretandole al termine di ogni giro completo. Dato che per ogni giro sono necessarie dieci carte, gli ultimi otto arcani che restano da parte dopo sette giri si interpretano in termini di ulteriore sintesi o come sorprese, o possibilità.

il metodo di nostradamus

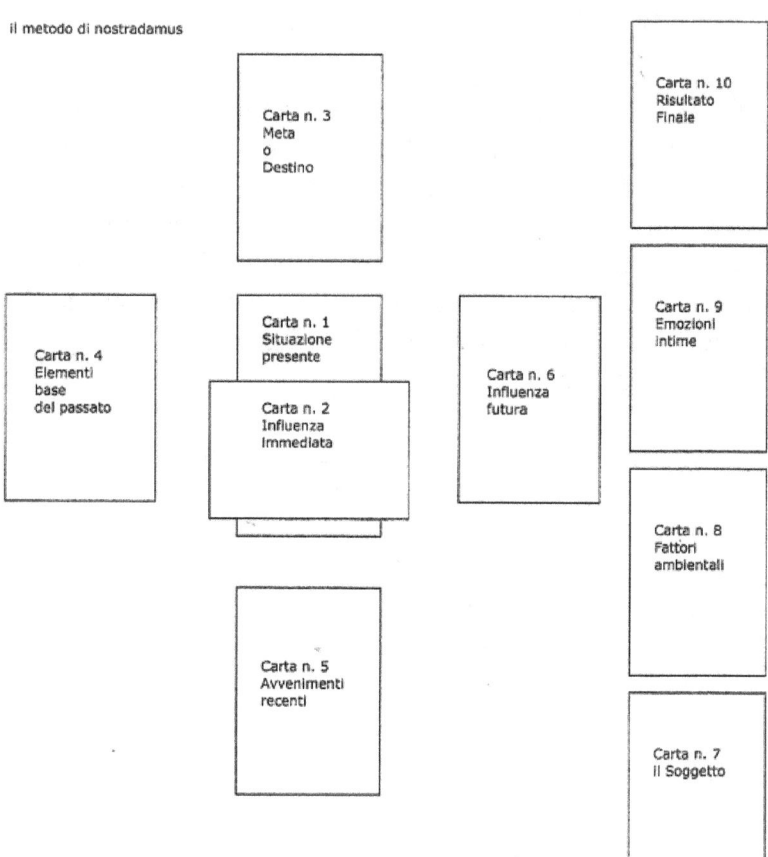

# THE METHOD OF NOSTRADAMUS

This is an ancient system, rather simple but even today followed and appreciated by most professional cartomancers. It is possible to use the major arcane alone, or the entire deck. After mixing the cards seven times and cutting the deck (if acting for yourself) or having someone cut the deck (if acting for someone else), the arcanes are arranged according to the diagram shown in the illustration, and the reader proceeds with the interpretation observing the following indications:

Card No. 1 the current situation, in general
Card No. 2 the immediate situation, closest to the subject
Card No. 3 goals, aspirations, destiny
Card No. 4 the past
Card No. 5 recent events
Card No. 6 the future
Card No. 7 the subject himself, his personality, his interests, etc.
Card No. 8 interpersonal relationships, the environment, friends, acquaintances, etc.
Card No. 9 the sphere of intimacy, secrets
Card No. 10 final summary

If only the 22 major arcanes are used, the play must be limited to a single round of carts (naturally it can be repeated by mixing again the cards and proceeding with a second consultation); if instead the complete deck is used, the play continues until the cards are all gone, placing them over the previous ones and interpreting them at the end of each completed round. Given that for each round are needed ten cards, the last eight arcanes that remain after seven rounds are played, will be interpreted in terms of an additional summary or as surprises, possibilities.

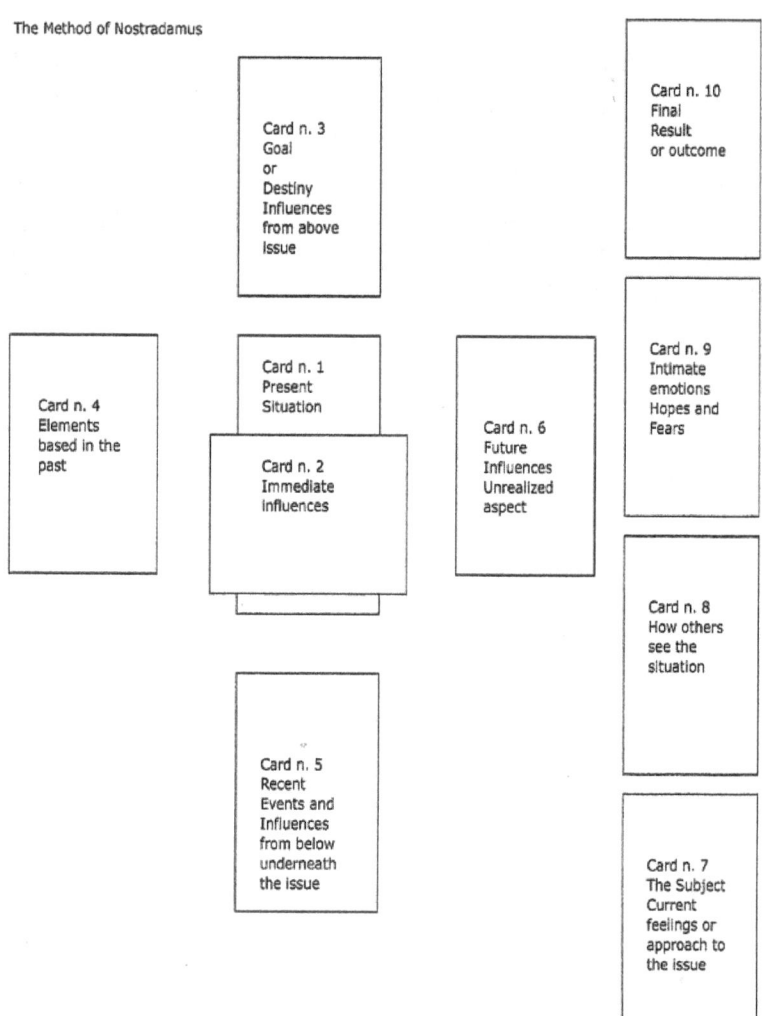

# LE SEI RUOTE DELLA SIBILLA

Si mischia e si alza il mazzo come di consueto, dopodiché si distribuiscono i tarocchi coperti (da sinistra verso destra) in sei file orizzontali di sette carte ciascuna, come da illustrazione. La prima fila in alto rappresenta le influenze passate del soggetto. La seconda le influenze relative al presente. La terza le influenze esterne, che possono agire positivamente o negativamente, indipendentemente dalla volontà del soggetto. La quarta le influenze prossime o immediate, inclusi gli eventi imprevisti o inattesi. La quinta le possibilità che il futuro offre sia in senso favorevole che ostile e gli avvenimenti preannunciati che possono esere evitati o meno, secondo le scelte del soggetto. La sesta conclusione riassuntiva e i possibili sviluppi futuri, con l'evoluzione e la sintesi finale dell'intero quadro interpretativo.

INFLUENZE PASSATE

| Fila 1 | 7 | 6 | 5 | 4 | 3 | 2 | 1 |
|---|---|---|---|---|---|---|---|

INFLUENZE PRESENTI

| Fila 2 | 7 | 6 | 5 | 4 | 3 | 2 | 1 |
|---|---|---|---|---|---|---|---|

INFLUENZE ESTRANEE

| Fila 3 | 7 | 6 | 5 | 4 | 3 | 2 | 1 |
|---|---|---|---|---|---|---|---|
|  |  |  |  |  |  |  |  |

INFLUENZE IMMEDIATE

| Fila 4 | 7 | 6 | 5 | 4 | 3 | 2 | 1 |
|---|---|---|---|---|---|---|---|
|  |  |  |  |  |  |  |  |

POSSIBILITÀ PER IL FUTURO

| Fila 5 | 7 | 6 | 5 | 4 | 3 | 2 | 1 |
|---|---|---|---|---|---|---|---|
|  |  |  |  |  |  |  |  |

RISULTATI FUTURI E CONCLUSIONI

| Fila 6 | 7 | 6 | 5 | 4 | 3 | 2 | 1 |
|---|---|---|---|---|---|---|---|
|  |  |  |  |  |  |  |  |

# THE SIX WHEELS OF THE SYBIL

The deck is mixed and cut as usual, and then the tarots are laid out face down (from left to right) in six horizontal rows of seven cards each, as shown in the illustration.

The first row on top represents the past influences on the subject. The second row is the influences related to the present. The third row is the exterior influences which may be negative or positive, independently from the will of the subject. The fourth row represents the proximal or immediate influences, including unforeseen or unexpected events. The fifth row is the future possibilities, both favorable and hostile, and the predicted events that may be avoided or not, as the subject chooses. The sixth is the conclusion and summary with the possible future developments, with the evolution and final synthesis of the overall interpretation.

PAST INFLUENCES

| Row 1 | 7 | 6 | 5 | 4 | 3 | 2 | 1 |
|---|---|---|---|---|---|---|---|
|  |  |  |  |  |  |  |  |

PRESENT INFLUENCES

| Row 2 | 7 | 6 | 5 | 4 | 3 | 2 | 1 |
|---|---|---|---|---|---|---|---|
|  |  |  |  |  |  |  |  |

EXTERNAL INFLUENCES

| Row 3 | 7 | 6 | 5 | 4 | 3 | 2 | 1 |
|---|---|---|---|---|---|---|---|
|   |   |   |   |   |   |   |   |

IMMEDIATE INFLUENCES

| Row 4 | 7 | 6 | 5 | 4 | 3 | 2 | 1 |
|---|---|---|---|---|---|---|---|
|   |   |   |   |   |   |   |   |

FUTURE POSSIBILITIES

| Row 5 | 7 | 6 | 5 | 4 | 3 | 2 | 1 |
|---|---|---|---|---|---|---|---|
|   |   |   |   |   |   |   |   |

FUTURE RESULTS AND CONCLUSIONS

| Row 6 | 7 | 6 | 5 | 4 | 3 | 2 | 1 |
|---|---|---|---|---|---|---|---|
|   |   |   |   |   |   |   |   |

# METODO DELLA ZINGARA

Dopo aver mescolato e alzato il mazzo, si formano dodici mazzetti di quattro carte (coperte) ciascuno, disposti in fila orizzontale da sinistra verso destra. Il primo mazzo a sinistra (da scoprire e interpretare per primo) si riferisce specificamente al soggetto, alla sua personalità, riguarda in al temperamento, a tutto ciò che lo senso stretto. Il secondo riguarda la fortuna, i beni materiali, le possibilità in campo economico, l'attività. Il terzo la famiglia, i parenti, le amicizie, i viaggi. Il quarto i beni immobili, le eredità, il possesso materiale e le aspirazioni o possibilità in questo campo. Il quinto l'amore, le gravidanze, le nascite, il sesso, i figli, le relazioni sentimentali. Il sesto la salute, le eventuali malattie, le possibili cause e guarigioni ecc. Il settimo il matrimonio. L'ottavo le incognite, l'imponderabile, l'imprevisto, le disgrazie, la morte. Il nono gli interessi professionali, artistici o ricreativi, il lato spirituale. Il decimo le aspirazioni, la carriera, le realizzazioni, le possibilità di riuscita o successo. L'undicesimo le relazioni con l'ambiente e le persone. Il dodicesimo gli aspetti negativi, le insidie, i lati vulnerabili, i rischi e le dissonanze, le prove, l'occulto.

Questo gioco, che presenta una certa affinità con le case astrologiche, può essere ripetuto fino a tre o sette volte, per usufruire di un quadro responsivo più ampio e dettagliato.

# METHOD OF THE GYPSY

After the deck is mixed and cut, make twelve stacks of four cards each (face down), arranged in a horizontal row from left to right.

The first stack on the left (the first one to be turned over and interpreted) refers specifically to the subject, his personality and temperament, and to all that closely concerns him. The second stack is about luck, material possessions, economic possibilities, activities. The third is about the family, relatives, friends, travels. The fourth concerns real estate, inheritance, material possessions and aspirations or possibilities in this area. The fifth is about love, pregnancies, births, sex, children, romantic relationships. The sixth is about health, eventual illnesses, possible causes and recovery, etc. the seventh is about marriage. The eight represents the unknown, the imponderable, the unexpected, misfortunes and death. The ninth is about professional, artistic or recreational interests, the spiritual aspect. The tenth is about the aspirations, the career, achievements, the possibility of achievement or success. The eleventh concerns the relationship with the environment and people. The twelfth covers the negative aspects, the treachery, the vulnerabilities, the risks and dissonances, the tests, and the occult.

This game, which presents some similarities with astrologic houses, may be repeated up to three or seven times to obtain a more extensive and detailed picture.

## METODO DELLE PERLE DI ISIDE

Dopo aver mischiato le carte e alzato il mazzo, si dispongono sette carte (iniziando dalla prima in alto) in fila orizzontale, interpretandone il significato mano a mano che vengono scoperte. Si continua con un'altra fila di sette carte sovrapposte alle precedenti, ma verticalmente, in modo da formare una croce.

Poi di nuovo una fila orizzontale di sette e una successiva, in verticale. Si prosegue nell'interpretazione fino ad esaurimento del mazzo; l'utlima carta corrisponde all sorpresa, o sintesi dell'intero gioco, del quale esprime la tendenza in negativo o positivo.

# METHOD OF THE PEARLS OF ISIS

After mixing the cards and cutting the deck, seven cards are laid out (starting with the first row on top) in a horizontal row, interpreting the meaning as the cards are turned over.

Continue with another row of seven cards placed on top the previous ones, but vertically, so as to form a cross. Then, another horizontal row of seven cards followed by another vertical one. Continue with the interpretation until the deck is gone; the last card corresponds to the surprise, or synthesis of the entire play, the tendency of which is expressed as negative or as positive.

# I QUATTRO ELEMENTI DEI TAROCCHI

L'intero Cosmo è basato su di una struttura fondamentale che consiste di quatttro elementi: il fuoco, l'acqua, l'aria e la terra. Questi quattro elementi sono rappresentati da quattro simboli: Bastoni, Coppe, Spade e Pentacoli.

**Fuoco:** Nei tarocchi, l'eccitante elemento maschile del Fuoco rappresenta la volontà, la spinta degli impulsi, il destino, l'azione, l'avventura, la creatività e lo spirito in azione. Il simbolo del fuoco è il bastone, il bastone fiammeggiante della potenza. Nel mazzo di carte convenzionale, il fuoco è rappresentato dal seme delle mazze.

**Acqua:** Nei tarocchi, l'Acqua è l'elemento femminile fecondatore, che rappresenta le emozioni, l'intuito, le convinzioni spirituali, la riflessione, la gioia, la fede e l'amore. Il simbolo dell'acqua è la coppa o il calice. Nel mazzo di carte convenzionale, l'acqua è rappresentata dal seme dei cuori.

**Aria:** Nei tarocchi, l'Aria è un element maschile che rappresenta conoscenza, la mente, l'attività mentale, la l'intelletto, I pensieri, le idee e la comunicazione. Il suo simbolo è la spade che è capace di tagliare la material chiaramente e rapidamente. Nel mazzo di carte convenzionale, l'aria è rappresentata dal seme delle spade.

**Terra:** Il quarto elemento è la Terra, stabile e femminile, che rappresenta la natura e il mondo materiale, il denaro, la carriera, la salute fisica, i beni tangibili e la realtà concreta della Madre Terra sulla quale camminiamo ogni giorno. Il simbolo della terra è il pentacolo. Nel mazzo di carte convenzionale, la terra è rappresentata dal seme dei diamanti.

# THE FOUR ELEMENTS OF TAROT

The Greater whole of the Cosmos is based on a structural foundation composed of the four elements: fire, water, air and earth. These four elements are symbolized as the wand, cup, sword, and pentacle suits of the tarot cards.

**Fire:** In tarot, the exciting masculine element fire represents will, drive, destiny, action, adventure, creativity and spirit in action. They symbol for fire is a wand, a blazing want of power. In a regular playing deck, fire is represented by the suit of clubs.

**Water:** In tarot, the element of water is nurturing, feminine element that represents emotions, intuition, spiritual belief, reflection, joy, faith and love. Water is symbolized as a cup or chalice. In a conventional playing deck, the suit of hearts represents water.

**Air:** In tarot, the masculine element of air represents the mind, mental activity, knowledge, intellect, thoughts, ideas and communications. The symbol for air is a sword, which can cut through matter with clarity and swiftness. In a regular playing card deck the suit of spades represents air.

**Earth:** The fourth element is stable feminine earth, which represents nature, the material world, money, career, physical health, tangible goods, and the concrete reality of our Mother Earth who we walk on every day. The symbol of earth is a pentacle. In a regular playing card deck earth is the suit of diamonds.

# I NUMERI

I numeri su ogni carta, da uno a dieci, hanno un significato simbolico.

1. Uno: (Asso) nuovi inizi e opportunità.
2. Due: associazioni e equilibrio.
3. Tre: la trinità e la magia.
4. Quattro: fondazione e completamento.
5. Cinque: conflitto e caos.
6. Sei: perfezione e bellezza.
7. Sette: la ricerca e i dubbi spirituali.
8. Otto: allo stesso tempo, infinità e stabilità.
9. Nove: è il numero principale della magia e il più alto numero avente una sola cifra.
10. Dieci: è il numero più alto e indica la realizzazione e il raccolto.

# THE NUMBERS

The numbers on each card, one through ten, have symbolic meaning:

1. One (Ace) is the number of new beginnings and opportunities.

2. Two is a number of partnership and balance.

3. Three is a number of the trinity and magic.

4. Four is a number of foundation and completion.

5. Five is a number of strife and chaos.

6. Six is a number of perfection and beauty.

7. Seven is a number of spiritual seeking and questioning.

8. Eight is a number of both infinity and stability.

9. Nine is a master number of magic and is the highest single digit number.

10. Ten is the top number of fulfillment and harvest.

# IL SIGNIFICATO DEI SEMI

**Bastoni:** Il significato dei semi riguarda le carte orientate all'azione associate con la creazione, dominazione, virtú, compimento, conflitto, valore, prontezza, forza e oppressione. vittoria, Energia, crescita, iniziativa, successo negli affari. I bastoni sono di legno ancora verde che ritiene alcuni ramoscelli freschi, simbolici della crescita. I bastoni sono usati a volte come mazze per fare battaglia, oppure come supporti per trasportare la corona di un vittorioso. La loro posizione rispetto alle altre carte nella disposizione determina se la natura di questa energia sarà costruttiva oppure distruttiva. I bastoni sono associati con il mondo delle idee, con la creazione e l'agricoltura.

**Coppe:** Il seme delle coppe è associato con le carte emozionali ricchezza dissolutezza, dell'amore, emozionale, indolenza, abbondanza delusione, spirituale, piacere, felicità e soddisfazione. Amore, felicità, emozioni, fertilità, bellezza. Le coppe, che appaiono su tutte le carte di questo seme, sono associate con l'acqua, un simbolo del subconscio e degli istinti, in contrasto con la mente conscia e la ragione. Il seme moderno dei cuori è derivato dalle coppe.

**Pentacoli:** Denaro, industria, beni materiali. All'infuori del cinque di pentacoli, tutte queste carte mostrano persone che lavorano oppure godono i frutti del loro lavoro. Su dischi che rassomigliano delle monete sono incisi dei pentagrammi; il pentagramma è da lungo tempo il simbolo venerato dell'Uomo. Nei tempi antichi, la gente portava i pentacoli per protezione contro i mali della vita.

**Spade:** Aggressione, potenza, forza, ambizione, coraggio, conflitto e mala fortuna. Molte delle carte di questo seme mostrano persone che lottano o sono abbattute dalla mala fortuna. Le spade rappresentano il mondo in azione, sia costruttiva che distruttiva. Corrispondono alle spade del mazzo moderno.

# THE MEANING OF SUITS

**Wands:** The suit of wands concerns the action-oriented cards of creation, domination, virtue, compilation, strife, victory, valor, swiftness, strength and oppression. Energy, growth, enterprise, business glory. The wands are of green wood that retains a few live twigs, signifying growth. They are sometimes used as a club for fighting or as a staff to carry a victor's crown. Their position in reaction to the other cards in a layout will determine whether this energy will be constructive or destructive. Wands are associated with the world of ideas and with creation and agriculture.

**Cups:** The suit of cups concerns emotional cards of love, spiritual abundance, emotional luxury, disappointment, pleasure, debauchery, indolence, happiness and satisfaction. Love, happiness, the emotions, fertility, beauty. Cups, which appear in all of the cards of this suit are associated with water, a symbol of the subconscious mind and the instincts, as opposed to the conscious mind and reason. The modern suit of hearts is derived from cups.

**Pentacles:** Money, industry, material gain. Except for the five of pentacles, these cards all depict people either working with or enjoying the fruits of labor. The coin like disks are inscribed with pentagrams, which is a time honored symbol of Man. In ancient days people wore pentacles as a protection from the evils of life.

**Swords:** Aggression, power, force, ambition, courage, strife and misfortune. Many of the cards in this suit depict fighting or people who are bowed down in misfortune. Swords represent the world of action, both constructive and destructive. They correspond to spades in the modern deck.

# LE CARTE DELLA CORTE

Il mazzo dei tarocchi include 16 carte della corte, ovvero figure reali. Queste sono suddivise in quattro carte della corte per ognuno de quattro elementi.

Queste carte rappresentano l 'anima e l'animus, gli attributi femminili e maschili degli elementi. Le carte della corte rappresentano inoltre le varie fasi della maturità. Ogni carta della corte combinazione delle caratteristiche rappresenta una dell'elemento e della personalità, in base al livello di maturità.

**I Re**: I Re influire sul personalità. sono attivi ed estroversi. Desiderano mondo tramite la forza della loro.

**Le Regine:** Le Regine esprimono interiormente le qualità dei loro semi e creano un'atmosfera senza però imporla agli altri.

**I Cavalieri:** I Fanti sono estremisti che esprimono le loro qualità all'estremo. Tali emozioni e comportamenti eccessivi possono essere positivi o negativi, second le circostanze. Le parole chiave per i Cavalieri sono coppie di parole positive e negative (cauto/timoroso).

**I Fanti:** Ogni carta del Valletto rappresenta un bambino gioioso che ha in man il simbolo del suo seme. Appare affascinato dal suo giocattolo. I Valletti ci ispirano a condividere con piacere i loro interessi. Il Valletto di Spade può simbolizzare il piacere delle scoperte intellettuali o altre stimolanti attività mentali.

# THE COURT CARDS

There are 16 court cards or royal figures in the Tarot deck. They are divided into four court cards for each of the four elements.

They represent the anima and animus, the female and male attributes of the elements. The court cards also represent stages of maturity. Depending on the suit and level of maturity, a court card represents of combination of element and personality.

**Kings:** Kings are active and outgoing. They want to impact the world through the force of their personality.

**Queens:** Queens express their suits from the inside, setting a tone without imposing it.

**Knights:** Knights are extremists; they express their suit qualities to the maximum. Such excessive feelings and behavior can be either positive or negative depending on the circumstances. The keywords for the Knights are positive and negative word pairs: cautious — unadventurous.

**Pages:** Each page shows a happy child holding the token of his suit. He is fascinated by his plaything. The Pages inspire us to enjoy their interests with them. The Page of Swords can represent the thrill of intellectual discovery or other mental challenges.

**Arcani Maggiori — Major Arcana**

## GLI ARCANI MAGGIORI

Le 22 carte degli Arcani Maggiori simbolizzano esperienze di vita universali che trascendono i limiti dello spazio e del tempo.

Queste sono le carte trionfanti che descrivono la storia del viaggio dell'anima dell'individuo. Sono riccamente simboliche di immagini di un mistero molto antico.

Le carte degli Arcani Maggiori rappresentano energia che rimane profonda, decisiva, e potente per un lungo tempo. Quando uno degli Arcani Maggiori appare nel corso di un'interpretazione, vuol dire che avete attinto ad una fonte di energia potente in qualche area della vostra vita.

## THE MAJOR ARCANA CARDS

The 22 Major Arcana cards depict universal life experiences that transcend boundaries of space and time. These cards are the trump cards that tell the story of the journey of the individual soul. They are richly symbolic of pictures of a very old mystery.

A major arcana card represents an energy that is deep, strong, decisive or long-term. When a major arcana card appears in a reading, you have tapped into a powerful energy in some area of your life.

## 0 — Il Matto

Comportamenti strani. Buffonate. Stranezze. Follia. Innamorato, senza preoccupazioni, ignaro, fede; segui il tuo sogno o ciò che il tuo cuore desidera. Ignorare un problema importante, essere preso in giro, agire da sciocco.

## 0 — The Fool

Odd behavior. Pranks. Strangeness. Madness. In love, freedom from worries, oblivious, faith trust following your dream or hearts desire. Ignoring an important issue, being played the fool or foolish actions.

## I — Il Bagatto

Necessità di convincere. Abilità manuale. Astuzia.
Trasformazione, eventi magici, manifestazione dei desideri.

## I — The Magician

Need to convince. Manual skill. Shrewdness.
Transformation, magical occurrence, manifestation of desires.

## II — La Papessa

Voglia di imparare. Dedizione. Umiltà. Fede. Intuito, equilibrio spirituale ed emozionale, abilità mistiche, comprensione, studente del misticismo.

## II — The High Priestess

Desire to learn. Dedication. Humility. Faith. — Intuition, Spiritual and emotional balance, mystical abilities, understandings, student of mystical ways.

## III — L'Imperatrice

Amore per l'arte. Fecondità. Produttività. Vanità. Fertilità, abbondanza, creatività, prosperità, gravidanza, sessualità, dea sessuale, donna che sogna, nobiltà, trovarsi in una situazione vantaggiosa.

## III — The Empress

Love of art. Fruitfulness. Productivity. Vanity. Fertility, abundance, creative, flourish, pregnancy, sex, sexual goddess, woman of dreams, greatness, sitting pretty.

## IV — L'Imperatore

Ambizioni di dominio. Fermezza. Ostinazione. Autorità, solidità, sicurezza, uomo anziano, ricchezza, struttura, successo, ostinato, inflessibile, può rappresentare l'ospedale, uomo che sogna.

## IV — The Emperor

Ambition to rule. Firmness. Stubbornness. Authority, solid, security, older man, wealth, structure, achievement, unyielding, set in ones ways, can represent hospital, man of dreams.

## V — Il Papa

Bisogno di comprensione. Attenzione. Diplomazia. Cambiamento tramite comunicazione, cambiamento, messaggi, perspicacia, comprensione.

## V — The Hierophant

Need for understanding. Attention. Diplomacy. Change by communication, Change, messages, insight or understanding.

## VI — Gli Innamorati

Necessità di scegliere. Ricerca di affetto. Passionalità. Amerai i risultati, sù, unione, amanti, matrimonio.

## VI — The Lovers

Need to choose. Search for affection. Passionate. You will love the outcome, yes, union, lovers, marriage.

## VII — Il Carro

Voglia di progredire. Irruenza. Impulsività. Ansia. Viaggi, esito favorevole di un'azione, forza, resistenza, conseguimento, procedi verso la tua meta con molta risolutezza.

## VII — The Chariot

Desire to progress. Impetuousness. Impulsiveness. Anxiety. Travel, success in endeavor, strength, endurance, achievement, moving towards your goal with great determination.

## VIII — La Giustizia

Attività intensa. Spreco di energie. Conflittualità. Capace di conseguire i risultati desiderati, necessità di essere forti in una certa situazione oppure necessità di perseguire una meta per conseguire il risultato desiderato. Mantenersi motivati. Mantenere le proprie posizioni in una data situazione.

## VIII — Strength

Intense activity. Wasted energy. Incompatibility. Able to actualize results, strength is needed in a situation or one needs to pursue in order to manifest a desired outcome. Keep motivated. Standing your ground in a situation.

## IX — L'Eremita

Periodo di riflessione. Pazienza. Misantropia. Ti verrà mostrata la tua strada; consigli; verrai a conoscenza di molte cose; comprensione. Persona che ha avuto molto esperienze, bene informata.

## IX — The Hermit

Period of reflection. Patience. Misanthropy. Your path will be shown, guidance, knowledge is coming to you, understanding. Once who is experienced and knowledgeable.

## X — La Ruota Della Fortuna

Stato di incertezza. Alternanza di situazioni. Caos. Assumere un rischio o cogliere un'opportunità. Coinvolto con le droghe. Personalità strana, confusione, eventi allarmanti.

## X — The Wheel of Fortune

State of uncertainty. Alternating situations. Chaos. Taking a risk or chance. Drug related. Crazy personality, confusion, unsettling occurrences.

## XI — La Forza

Bisogno di legalità. Diligenza. Scrupoli eccessivi. — Separazione, giustizia o rapport con la legge, questioni di diritto, alterchi, litigi, sottoporre a prove, evaluare i problemi.

## XI — Justice

Need for legality. Diligence. Excessive scruples. Separation, justice or dealings with the law, legal matter, bickering, arguing, testing, weighing the issue at hand.

## XII — L'Appeso

Senso di costrizione. Ozio. Stanchezza. Malattia. Nel prossimo futuro cambierà la tua direzione nella vita; possibilità di ostacoli nei piani che ti permetteranno di cambiare direzione; seguire una via speciale. L'inaspettato. Se gli dai abbastanza corda, si appicheranno da soli.

## XII — The Hanged Man

Sense of obligation. Idleness. Fatigue. Illness. Your direction is about to turn around, possible glitch in plans that will make you change direction, following a unique path. The unexpected. Given enough rope they will hang themselves.

### XIII — La Morte

Necessità di un drastico cambiamento. Paura. Nuovi inizi dopo un cambiamento. La fine del modo di vivere precedente.

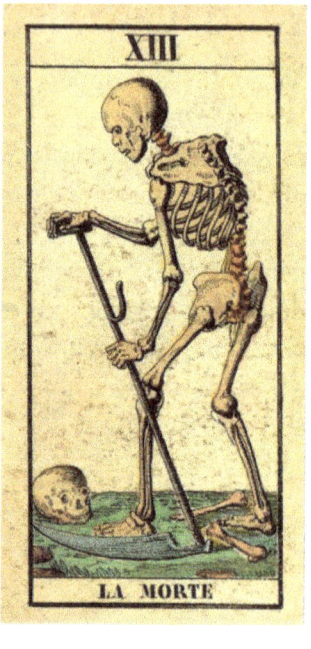

### XIII — Death

Need for drastic change. Fear. New beginning after change. Death of an old way of life.

## XIV — La Temperanza

Voglia di cambiare. Adattabilità. Guarigione. Ira, temperamento; mostrarsi superiore a un problema; squilibrio fisico; esami medici; comprensione tramite l'esperienza; imparare ad avanzare a grandi passi; sbilanciato.

## XIV — Temperance

Desire to change. Adaptability. Healing. Anger, Temper, rising above an issue, medical imbalance, medical testing, understanding through experience, leaning to take things in stride, off balance.

## XV — Il Diavolo

Mancanza di scrupoli. Corruzione. Amicizie pericolose. Disonestà, abuso di droghe, abuso di alcool, sessuale, emozionale; abuso fisico.

## XV — The Devil

Lack of scruples. Corruption. Dangerous friendships. Dishonesty, drug abuse, alcohol abuse, sexual, emotional, physical abuse. Discontentment in a situation, you are not seeing the full picture, be wary as there are underlying concerns, lies, gossip.

## XVI — La Torre

Crollo delle certezze. Avvilimento. Esilio. Carcere. Le basi della tua vita crolleranno o subiranno un cambiamento profondo, per il meglio o per il peggio.

## XVI — The Tower

Collapse of assurances. Discouragement. Exile. Imprisonment. Foundation of life is about to give way or change dramatically for good or for bad.

## XVII — Le Stelle

Speranza nel domani. Buoni auspici. Fatalismo. Integrità, paradiso, speranza, molto promettente, dotato di superiori qualità accademiche, emozionali, fisiche. Equilibrio nella vita. Discernere chi sei. Comprensione. Introspezione spirituale.

## XVII — The Star

Hope of tomorrow. Good omens. Fatalism. Wholeness, heaven, hope, great promise, good academically, emotionally, physically. Putting life into balance. Finding out who you are. Understanding. Spiritual insight.

## XVIII — La Luna

Carattere sognatore. Illusioni. Avventure. Azzardo. Dolore, abbattimento, essere in una fase, situazione temporanea; intuito, immaginazione, follia; arrabbiarsi, capacità di esprimere i prodotti dell' immaginazione; riflessione; tempo di riposarsi; immaginazione vivida.

## XVIII — The Moon

Dreamy character. Illusions. Adventure. Risk. - Sorrow, depression, a phase, temporary situation, intuition, imagination, lunacy, pissed off, able to manifest the fruits of you imagination, reflection, time to rest, vivid imagination.

### XIX — Il Sole

Necessità di dialogo. Amicizia. Aiuto disprezzato. Successo, realizzazione; clima caldo, l'estate; la salute; bambino o bambini.

### XIX — The Sun

Need for dialogue. Friendship. Scorned help. Success, attainment, warm climate, summertime, health, child or children.

## XX — Il Giudizio

Voglia di rinnovarsi. Risveglio. Attesa di un verdetto. Ritorno di un'idea, un cambiamento di vita significativo, reinventare te stesso, rivelazione della verità.

## XX — Judgement

Desire for renewal. Awakening. Awaiting a verdict. Resurrection of idea, major change in ones life, reinvention of ones self, truth is revealed.

## XXI — Il Mondo

Senso di appagamento. Felicità. Ottimismo eccessivo. Un lungo viaggio, vacanze, trasformazione, possibile cambiamento di casa, protezione, integrità.

## XXI — The World

Sense of fulfillment. Happiness. Excessive optimism. Long journey, vacation, transformation, possible move of home, protection, and wholeness.

Arcani Miniori — Minor Arcana

## GLI ARCANI MINORI

Le 40 carte degli Arcani Maggiori si basano sugli elementi fuoco, acqua, aria, e terra.

Non tutte le carte degli Arcani Minori hanno la stessa forza, ma sono tutte ugualmente importanti. Servono a tracciare gli alti e bassi della vita e marcano i cambiamenti nei sentimenti e nel pensiero.

Tali eventi drammatici sono avvincenti quando occorrono, ma con il tempo svaniscono e sono rimpiazzati da nuove preoccupazioni.

## THE MINOR ARCANA CARDS

The 40 Minor Arcana cards are based on the elements of fire, water, air, and earth.

The minor arcana cards do not carry the same weight, but they are still important. They chart the ups and downs of daily life and register changes in feelings and thoughts.

These dramas are gripping while they occur, but they pass with time as new concerns take their place.

## LE CARTE DELLA CORTE—THE COURT CARDS

*Note: The card meanings for the 16 Court cards (King, Queen, Knight, Page) are shown together with the 40 cards of the Minor Arcana cards to provide a complete reference based on suits.*

**Coppa — Cups**

**Re di Coppe**

Uomo biondo o brizzolato.
Artista, intellettuale, studioso.
Uomo sposato, impegnato a un rapport amoroso , leale, generoso, desidera impegnarsi.
Unbrav'uomo, onesto.

**King of Cups**

Blond or graying man.
Artist, intellectual, scholar.
Married man, committed in relationship, loyal, big hearted, wants commitment.
A good guy, honest.

**Regina di Coppe**

Donna bionda o brizzolata. Madre, moglie o amante. Dedicata a conseguire una meta, donna sposata, capelli biondi, leale, desidera impegnarsi a un rapporto amoroso.

**Queen of Cups**

Blond or graying woman. Mother, wife, or lover. Committed to purpose, married woman, fair haired, loyal, wants a committed relationship.

**Cavaliere di Coppe**

N uomo o una donna, brillante e seducente, ma infedele. Confidente, artista o amante. La carta degli appuntamenti amorosi, offerta di amore, un'opportunità di amore a portata di mano.

**Knight of Cups**

A man or a woman, brilliant and seductive but unfaithful. Date card, offer of love, love opportunity is at hand.

## Fante di Coppe

Giovane biondo, uomo o donna..
Il conciliatore, la carta dell'amicizia, un messaggio.

## Page of Cups

Young blond man or woman. Confidant, artist, or lover. The peacemaker, friendship card, a message. The peacemaker, friendship card, a message.

**Dieci di Coppe**

Unione felice. Armonia in famiglia, tra amici o in società. Il maatrimonio, la vita familiar felice. Aspettative non realistiche riguardo il coniuge. Promessa di tempi migliori in futuro. Soddisfazione emozionale.

**Ten of Cups**

Happy union. Agreement in the family, between friends, or in society. Marriage, happy family life. Unrealistic expectations in marriage partner. A promise of a better time ahead. Emotional fulfillment.

## Nove di Coppe

Problemi risolti. Azione virtuosa. Sollievo nella fede. Tutte le coppe sono piene, essere senza preoccupazioni, conseguimento, riuscita, trofeo, vincitore, ricchezza, essere famosi. Un lavoro ben fatto. Rimunerazione, la carta dei desideri.

## Nine of Cups

Solved problems. Virtuous action. Relief through trust. All cups are fulfilled, freedom from worry, attainment, achievement, trophy, winner, riches, fame. A job done well. Rewards, the wish card.

## Otto di Coppe

Autocontrollo. Moderazione. Trattenimento degli impulsi. Andarsene via. Allontanarsi. Forse ritornare. Emozionale. Qualcosa che in passato ti ha portato soddisfazione ora ha perduto il fascino. Ora è tempo di autoesaminarsi. È tempo di sanarsi.

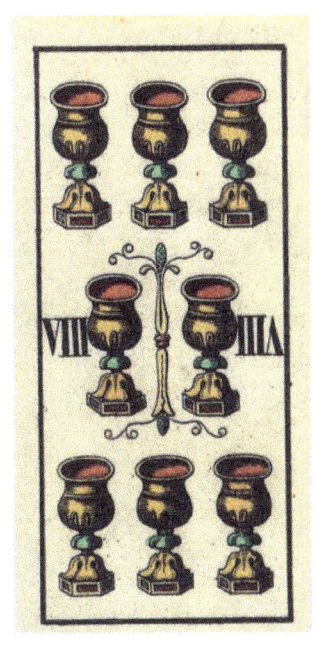

## Eight of Cups

Self-control. Moderation. Holding back impulses. Walking away. Distancing ones self. May or may not come back. Emotional. What brought you great fulfillment has now lost it's luster. Time of introspection. Time to heal.

**Sette di Coppe**

Progetti bizzarri. Immaginazione eccessiva. Incubi. Sognatore, immaginazione fervente, soddisfazione emozionale. Qualcuno apparirà nella tua vita. Visita sorprendente o conseguimento di un tuo desiderio. Delusione.

**Seven of Cups**

Bizarre projects. Excessive imagination. Nightmares. Day dreamer, large imagination, emotionally fulfilling. Someone new will be coming into your life. Surprise visit or realization of a desire. Disillusionment.

**Sei di Coppe**

Ricordi piacevoli. Autoanalisi. Esame di coscienza. Fare le scuse, fare ammenda in una situazione; nuove amicizie o conoscenze, nuovo interesse romantico, tempi piacevoli in futuro.

**Six of Cups**

Pleasant memories. Self-analysis. Test of conscience. Apology, making amends in a situation, new friends or acquaintances, new love interest, pleasurable times in the offering.

**Cinque di Coppe**

Spirito di sacrificio. Senso di protezione. Bontà d'animo. Perdita dell'amore, abbattimento persistente, disperazione, negativitià, opportunità non colte, necessità di rialzare la testa e sentirsi più positivi.

**Five of Cups**

Spirit of sacrifice. Sense of protection. Goodness of heart. Loss of love, depression dwelling, despair, negative, missing opportunities, need to look up and be more positive.

**Quattro di Coppe**

Nascite di bambini o animali. Nuove conoscenze. Presagi. Nuova opportunità, ma potrebbe non essere quella che vuoi; potrebbe essere mandata dal cielo — non ignorarla; rifiuto; ostinazione; rigidezza nei propri modi.

**Four of Cups**

Birth of children or animals. New knowledge. Omens. New opportunity, may or may not be what you wanted, possibly heaven sent — do not over look it, refusal, stubborn, stuck in ones way.

**Tre di Coppe**

Crescita. Guarigione. Conclusione di un'impresa. Gioia, celebrazione, la carta delle feste, il bere, ragione di rallegrarsi.

**Three of Cups**

Growth. Healing. End to undertaking. Joy, celebration, the party cark, drinking, reason to rejoice.

## Due di Coppe

A ffinità. Passione amorosa. Progetto di unione. Matrimonio, unione, persone in accordo, conclusione di contratti , spiriti in armonia.

## Two of Cups

Affinity. Loving passion. Plan of union. Marriage, union, meeting of the minds, contracts made, kindred spirits.

**Asso di Coppe**

Abbondanza. appagamento sentimentale. Sincerità. Nuovo rapporto amoroso, nascita di un bambino, soddisfazione spirituale e emozionale.

**Ace of Cups**

Abundance. Emotional fulfillment. Sincerity. New love relationship, birth of a child, spiritual and emotional fulfillment.

Bastoni — Wands

**Re di Bastoni**

Uomo dai capelli scuri. Imprenditore o agricoltore. Muri eretti, avventuriero, mutabile, protezione negli affari.

**King of Wands**

Man with dark hair. Entrepreneur or farmer. Walls are up, Adventurer, changeable, protection in business.

**Regina di Bastoni**

Donna dai capelli scuri. Potente e riservata. La madreterra, stabilità, crescita, nutrimento, buoni consigli.

**Queen of Wands**

Woman with dark hair. Powerful and reserved. Mother earth, stability, growth, nurturer, good advisor.

**Cavaliere di Bastoni**

Un uomo o una donna, porta notizie. Parente lontano. Cambiamenti repentini, viaggi rapidi, comportamento impulsivo, mancanza di riflessione, si arrabbia facilmente, uomo giovane pieno di idee. Molto sensuale. Messaggi sconvolgenti.

**Knight of Wands**

A man or a woman, brings news. Far-off relative. Quick and sudden changes, quick trips, impulsive behavior, thoughtlessness, quick to anger, young man full of ideas. Hot to trot. Messages are upsetting in natures.

## Fante di Bastoni

Uomo o donna, di umili origini. Messaggero o dipendente. Messaggi, un ragazzo o un uomo giovane. Intraprendere una nuova idea o rivedere la direzione della propria vita.

## Page of Wands

Man or woman from humble origins. Messenger or employee. Messages, a young boy or man. Embarking on a new idea or reassessing ones direction in life.

**Dieci di Bastoni**

Impegno costante. Fatica eccessiva. Insoddisfazione. Il lavoro sodo ha una buona riuscita. La carta del movimento. Avere problemi gravosi, sentirsi sopraffatto, difficoltà nell'affrontare le responsabilità, assumersi troppi oneri. Lavorare sodo. Lavorare senza posa. Hai troppo bisogno di alcune cose e non abbastanza di altre; troppo lavoro e non abbastanza divertimento.

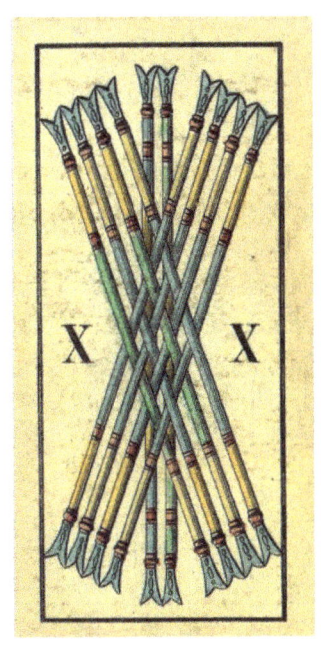

**Ten of Wands**

Continuous commitment. Excessive fatigue. Dissatisfaction. Hard work brings success. The moving card. Carrying burdens, overwhelmed, struggle with responsibilities, taking on too much. Nose to the grindstone. Too much or too little may be needed, all work and no play.

### Nove di Bastoni

Rischio calcolato. Intuizione di pericoli. Pragmatismo. Insicuro nella tua situazione, è necessario allontanarti da quello che ti abbatte. Avventure nel futuro, cambiamenti positivi una volta che volti le spalle all passato. Cadere nella solita routine, modo di pensare negativo, essere di malumore.

### Nine of Wands

Calculated risk. Intuition of danger. Pragmatism. Insecure in a situation, a need to let go of what's getting you down. Adventures ahead, positive changes once you let go of the past. In a rut, negative thinking, sulking.

**Otto di Bastoni**

Intraprendenza. Impegno costante. Tensione creativa. Correggere sbagli del passato. Messaggi, buone notizie, tutto avrà una buona riuscita , novità sull'orizzonte, notifica di una nascita, e-mail, cielo azzurro nel tuo futuro.

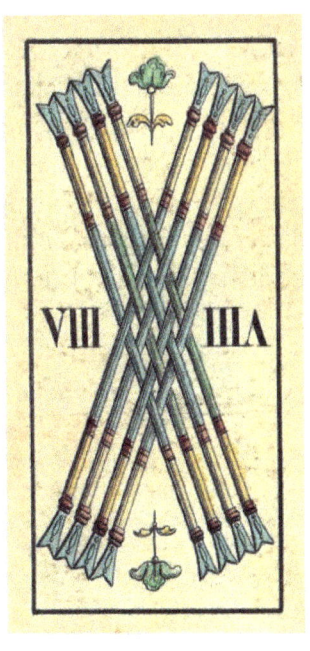

**Eight of Wands**

Initiative. Continuous commitment. Creative tension. Setting matters right. Messages, happy news, everything will fall into place, coming your way, news of birth, email, blue skies ahead.

**Sette di Bastoni**

Primi risultati. Parziale riuscita. Ricerca di aiuti. Riuscire a superare gli ostacoli, abilità di persistere in confronto agli ostacoli, lottare fino all fine. Il desiderio di conquista.

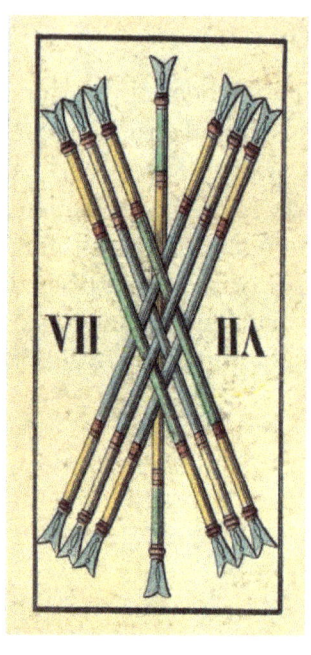

**Seven of Wands**

Initial results. Partial success. Search for help. Managing to stay above obstacles, ability to persevere over obstacles, will fight to the end. Ones desire to conquer.

**Sei di Bastoni**

Ostacoli. Rischio di perdite. Equilibrio precario. La carta degli appuntamenti amorosi; uscire e divertirsi; sentirsi benissimo; onore, riconoscimento, conseguiment, protezione, celebrazione, arroganza, senso di superiorità, senso di superiorità morale.

**Six of Wands**

Obstacles. Risk of loss. Shaky balance. Date card, out having a good time, feeling your best, honor, recognition, achievement, protection, celebration, arrogant, shit doesn't stink, on high horse.

**Cinque di Bastoni**

Dura competizione. Sforzo enorme. Vittoria incerta. Ragazzi che giocano, uomini che si comportano da ragazzi; discordia e ostacoli; un cambiamento risulta in confusione; persona o luogo disorganizzato, caos; la carta delle feste.

**Five of Wands**

Tough competition. Enormous effort. Uncertain victory. Boys at play, men will be boys, strife and obstacles, change brings confusion, unorganized person or place, chaos, the party card.

**Quattro di Bastoni**

Alleanza. Società. Accordo commerciale. Occasione. La carta del matrimonio, sotto protezione; ragione di rallegrarsi, celebrazione, onore, conseguimento e riconoscimento dei tuoi meriti.

**Four of Wands**

Alliance. Society. Business agreement. Opportunity. Marriage card, under the canopy of protection, reason to rejoice, celebration, honor, achievement and recognition.

**Tre di Bastoni**

Preparazione accurata. Dosaggio delle forze. Incontri. Il future; buone aspettative per il futuro; un futuro colmo di possibilità positive. Saggezza negli affari, persona giudiziosa, avrà successo nel futuro.

**Three of Wands**

Careful preparation. Measuring strengths. Encounters. In the future, future prospects are bright, a bright future. Wise in business, good judgment, success in the future.

**Due di Bastoni**

Equilibrio. Stabilità. Fase di riorganizzazione. Riflessioni sulla direzione della propria vita; cambiamento di piani; inizio di una nuova idea o impresa.

**Two of Wands**

Balance. Stability. Stage of reorganization. Reflecting on ones direction in life, change of plans, embarking on a new idea or venture.

**Asso di Bastoni**

Invenzione. Inizio di un'impresa o di una attività. Nuovo lavoro, crescita, espansione di un'idea, simbolo fallico, qualcosa di grande, istruzione, casa nuova, protezione nella casa o nel luogo di lavoro.

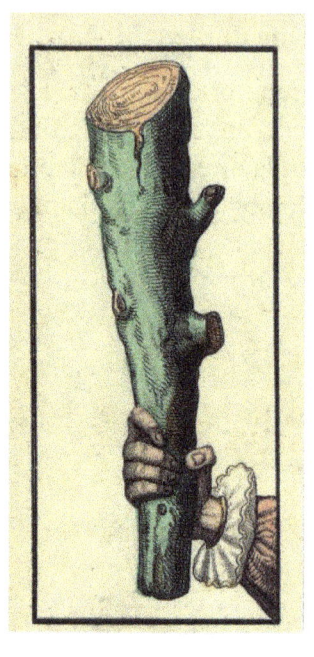

**Ace of Wands**

Invention. Beginning of an undertaking or activity. New job, growth, expansion of an idea, phallic symbol, the big one, education, new home, protection in home and business.

**Danari — Pentacles**

**Re di Denari**

Uomo biondo o brizzolato. Commerciante o agente di borsa. Uomo di affari, interessato nei beni materiali, nel guadagno o rischio finanziario. Abbbondanza.

**King of Pentacles**

Blond or graying man. Merchant or trader. Business man, material minded, financial gain or risk. Abundance.

### Regina di Denari

Donna bionda o brizzolata. Ereditiera. Professionista. Sposata con figli, donna responsabile, remane fedele a quello che ritiene importante, consegue quello che ritiene importante, fertitlità e protezione della famiglia e del denaro.

### Queen of Pentacles

Blond or graying woman. Heiress. Professional. Married with children, responsible woman, holding what is dear, achieving what one holds in value, fertility and protection in family and money matters.

## Cavaliere di Denari

Un uomo o una donna, offre consulenze d'affari. Karma, debiti, piò a lungo di quanto anticipato, è necessario essere pazienti, immobilità, frugalità, lentamente ma sicuramente.

## Knight of Pentacles

A man or a woman, offers business advice. Karma, debt, longer than anticipated, patience is needed, a standstill, frugal, slow but sure.

### Fante di Denari

Uomo o donna, di famiglia ricca. Studente o inventore. La speranza, la promessa che le cose vanno migliorando, la promessa di tempi migliori, speranza di guadagni finanziari, un aumento, messaggi concernenti denaro o lavoro. Opportunità fianziarie.

### Page of Pentacles

Man or woman from rich family. Student or inventor. Hope, a promise that things are looking up, a promise of a better time, hope financial gain, a raise, messages concerning money or job. Financial opportunity.

**Dieci di Denari**

Stabilità economica. Eredità, vincita o affare ben riuscito. Amici e famiglia. Abbondanza, eredità, protezione finanziaria, propserità.

**Ten of Pentacles**

Economic stability. Inheritance, winnings, or successful business. Friends and family. Abundance, inheritance, protection in finance, prosperous.

**Nove di Denari**

Potenzialità inespresse. Nuove risorse di investire. Di solito è una donna non sposata, a volte un uomo, senza preoccupazioni finanziarie, sfruttando i piaceri della loro vita. Contentezza.

**Nine of Pentacles**

Unexpressed potential. New resources to invest. Usually a single woman, sometimes a man, no worries of money, enjoying the beauty of their live. Contentment.

**Otto di Denari**

Nuove ambizioni. Crescita intellettuale o professionale. La carta del lavoro; lavorare in modo creativo, risolvere un problema, possibilità di un messaggio, e-mail, essere occupato con il lavoro.

**Eight of Pentacles**

New ambitions. Intellectual or professional growth. The working card, working creatively, working something out, possible message, email, busy working.

**Sette di Denari**

Beneficenza. Spese in campo sanitario o sociale. Riflettere e autoesaminare la propria vita e ciò che ha importanza per te. Cambiamenti o sviluppi che vorresti vedere. Riflettere sulla via che hai scelta da un punto di vista diverso, a seguito di una certa esperienza.

**Seven of Pentacles**

Charity. Medical or social expenses. Reflection and introspection on life and what you value in it. What changes or development you want to see take place. Thinking about your chosen path with new perspective after a certain experience.

**Sei di Denari**

Spregiudicatezza. Mancanza di scrupoli. Cinismo. Equilibrio e partecipazione, maneggiare le cose sotto l'aspetto finanziario, pagamento, cavarsela.

**Six of Pentacles**

Unscrupulousness. Lack of scruples. Cynicism. Balance and sharing, working things out financially, payment, managing.

## Cinque di Denari

Preoccupazioni. Incertezze economiche. Ricerca di guadagni. Amore perduto, difficoltà finanziarie o rovina finanziaria, gli amanti non possono trovare il luogo dell'appuntamento, opportunità perduta, essere assente, essere sperduto.

## Five of Pentacles

Worries. Economic uncertainties. Search for gain. Loss of love, financial difficulties or ruin, lovers not finding the meeting place, missed opportunity, a no show, lost.

## Quattro di Denari

Risparmio. Atteggiamento parsimonioso. Previdenza. Persistere, conseguire i risultati desiderati, avarizia, sicurezza finanziaria, stabilità.

## Four of Pentacles

Savings. Frugal conduct. Prudence. Holding on, attaining your desired result, stinginess, material security, stability.

## Tre di Denari

Espansione. Sviluppo di idee. Esibizione di capacità. Consigli, terapia, colloquio di lavioro, possibilità, nuovi punti di vista portano alla comprensione, istruzione superiore, scuola, università, cercare di risolvere un problema in modo creativo.

## Three of Pentacles

Expansion. Development of ideas. Showing off capabilities. Counsel, therapy, job interview, prospects, new perspectives brings understanding, higher learning, school, college, creatively trying to work things out.

**Due di Denari**

Pubblicità. Promozione. Divulgazione. Incitamento. Avere conflitti, oppure conciliare elementi contrastanti nel lavoro; decisioni, scelte, cavarsela.

**Two of Pentacles**

Publicity. Promotion. Disclosure. Incitement. Struggle, or juggling, in jobs, decisions, choices, managing.

**Asso di Denari**

Acquisti. Investimenti. Buone prospettive di guadagno. Successo, conseguimento, fortuna inaspettata, eredità, grande contentezza, un regalo, acquisto di qualcosa di grande valore, un regalo che sarà vantaggioso per te.

**Ace of Pentacles**

Acquisitions. Investments. Good prospects for gain. Achievement, attainment, a windfall of money, inheritance, great contentment, a gift, a purchase of something a great value, a gift you will benefit from.

**Spade — Swords**

## Re di Spade

Uomo dai capelli scuri. Giudice, medico o avvocato. Onore, verità e chiarezza. Sincero e fedele. Un individuo ossessivo. Segue uno scopo in base alla sua visione. Avvocato, dottore, uomo sotto le armi. Personalità o posizione dittatoriale.

## King of Swords

Man with dark hair. Judge, doctor, or lawyer. Honor, truth and clarity. True blue. An anal individual. Purpose with vision. Lawyer, doctor, military man. Dictating personality or position.

## Regina di Spade

Donna dai capelli scuri. Vedova o nubile, malinconica. La carta della separazione. Cambiamento dovuto alla separazione. Cambiamento di casa, licenziato dal lavoro, donna non sposata, chiarezza senza emozione. Forte. Dittatoriale.

## Queen of Swords

Woman with dark hair. Widowed or single, melancholy. Separation card, Change by separation. Move of home, loss of job, unmarried woman, clarity without emotion. Forceful. Dictating.

**Cavaliere di Spade**

Un uomo o una donna, energico, offre collaborazione. Intenzioni chiare. Zelo eccessivo. Viaggio con uno scopo. Un veloce cambiamento di direzione è necessario.

**Knight of Swords**

A man or a woman, energetic, offers collaboration. Purpose with clarity. Gun ho. Travel with a purpose. Quick changed in direction wanted.

**Fante di Spade**

Giovane bruno, uomo o donna. Atleta, ricercatore o investigatore. Individuo non maturo. Chiuso, diffidente. La carta della rabbia.

**Page of Swords**

Young dark-haired man or woman. Athlete, researcher, or investigator. Immature individual. Guarded untrusting. The pissed off card.

## Dieci di Spade

Periodo di afflizione. Dolori fisici. Depressione psichica. Tradimento. Sentirsi tradito. L'ora più oscura è prima dell'alba. Cadere in un abbattimento profondo. Dolore e sofferenza. Pugnalato alla schiena.

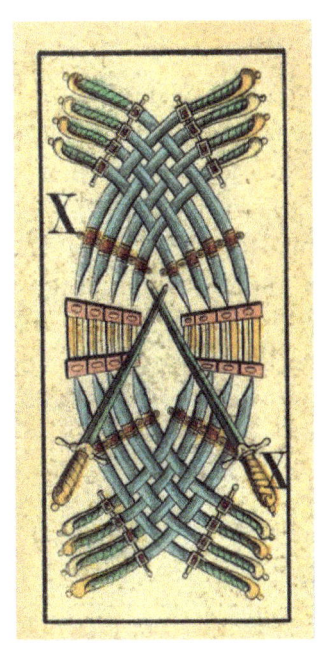

## Ten of Swords

Period of affliction. Physical pain. Psychological depression. Betrayal. Feeling of betrayal. Darkest hour before dawn. Hitting emotional bottom. Pain and suffering. Stabbed in the back.

**Nove di Spade**

Maturità intellettuale o sentimentale. Pazienza. Calma. La carta delle preoccupazioni. Troppo. Sopraffatta dalle preoccupazioni. Non può dormire. Incubi notturni. Le preoccupazioni sono senza ragione. Confortato in un periodo di preoccupazioni. Pettegolezzi.

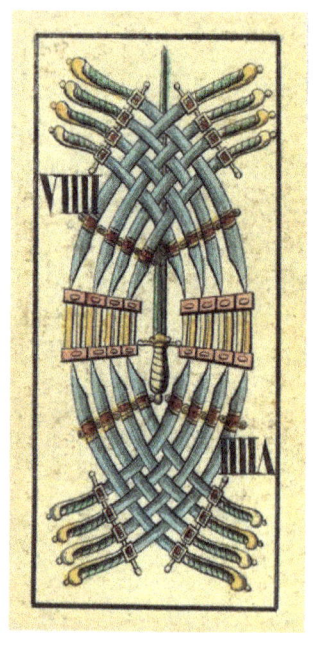

**Nine of Swords**

Intellectual or emotional maturity. Patience. Calm. The worry card. Too much. Overwhelmed with concerns. Inability to sleep. Nightmares. Worries are groundless. Comforted in time of worry. Gossip.

**Otto di Spade**

Difesa. Preparazione allo scontro. Segnali di pericolo. Sentirsi legati e ristretti. Incastrato in una data situazione. Incertezza riguardo le consequence. Crisi. Immobilizzato dalla paura dell'incognito. Possili tà di problemi medici o malattia.

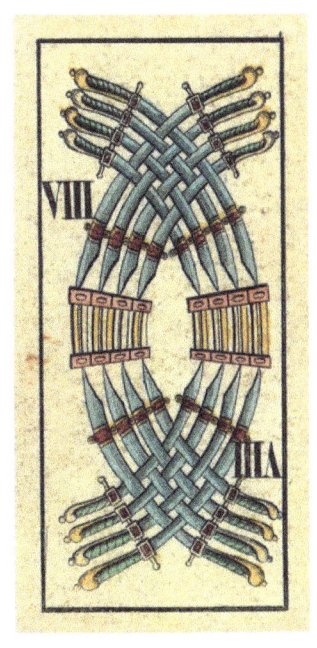

**Eight of Swords**

Defense. Preparation for disagreement. Signs of danger. Feeling you are bound and restricted. Stuck in a situation. Not sure of impending consequences. Crisis. Frozen with fear of the unknown. Possible medical issue or illness.

**Sette di Spade**

Ricerca della verità. Segreti svelati. Pratiche occulte. La carta furtiva. Attento al ladro. Ladro di cuori. Abusa la bontà degli altri, la carta del tradimento, complotta qualcosa di losco. Riflessione, rimpianti rispetto azioni nel passato, sapere che cosa credere, è necessario procedere con cautela in una situaione. Appena in tempo.

**Seven of Swords**

Search for truth. Exposed secrets. Occult practices. The sneaky card. Caution thief. Thief of hearts. Taking advantage, the cheating card, something underhanded is afoot. Reflection, regret of past actions, knowing what to believe, cautious in a situation is needed. In the nick of time.

**Sei di Spade**

Nuovi orizzonti fisici e mentali. Esperienze spirituali. La carta del movimento, assumersi nuove responsabilità. Marciare avanti. Un tempo di tribolazioni. In barca.

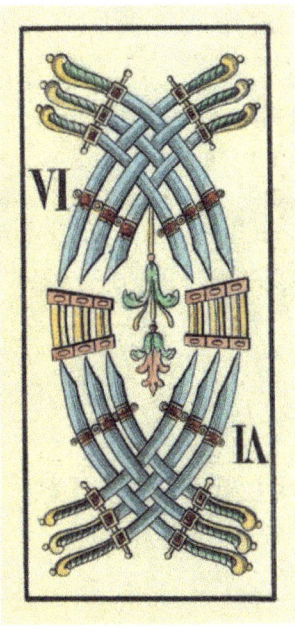

**Six of Swords**

New physical and mental horizons. Spiritual experiences. Moving card, taking on new responsibilities. Forging ahead. A time of trial. On the boat.

**Cinque di Spade**

Pericolo di sconfitta. Rimorso. Dolore. Speranze infrante. Cambiamenti, vittoria dopo il conflitto. Sapere quando è meglio lottare o allontanarsi. Belle giornate più in là.

**Five of Swords**

Danger of defeat. Remorse. Pain. Severed hope. Change, victory after struggle. Knowing when to fight or walk away. Bright days ahead.

**Quattro di Spade**

Rifugio sicuro. Vigilanza. Ritirata. Ricorso a specialisti. Riposare e sanarsi, i problemi attuali spariranno presto. È tempo di autoesaminarsi, meditare, pregare. La fine di una persona, luogo o oggetto.

**Four of Swords**

Safe refuge. Supervision. Retreat. Appeal to specialists. Rest and healing, whatever troubles are at hand will soon disappear. Time for introspection, meditation, praying. Passing of a person, place or thing.

**Tre di Spade**

Dispersione di energie. Stanchezza. Confusione. Cuore spezzato, stress emozionale, essere distrutti dal punto di vista emotivo.

**Three of Swords**

Wasting of energy. Tiredness. Confusion. Broken heart, emotional stress, over whelmed emotionally.

**Due di Spade**

Rivalità. Confronto. Duello. Aspra opposizione. Immobilità, è necessario prendere una decisione ma le emozioni sono un ostacolo. Non sa che fare, per cui non fanno niente. Incertezza.

**Two of Swords**

Rivalry. Confrontation. Duel. Bitter opposition. A standstill, a decision needs to be made but emotion are standing in the way. Doesn't know what to do, so they don't do anything. Uncertainty.

**Asso di Spade**

Spirito di conquista. Esaltazione del proprio ego. Separazione emozionale con un nuovo inizio, con la possibilità di un nuovo rapporto amoroso dopo la separazione.

**Ace of Swords**

Spirit of conquest. Exaltation of own ego. Emotional separation with a new beginning, possible new love relationship after break up.

## Riferimenti — References

- Illustrazioni, Tarocco Italiano Carta, Fabbrica Dotti Milano, Italia, (1845).
- llustrations by Pamela Coleman Smith (1911).
- Les Saltimbanques (Entertainers), by Gustave Doré (1832 - 1883).
- Adattato da testo di Pier Luca Pierini, Viareggio, Luca, Italia.
- Interpretazione, I Tarocchi Parlano, Storia e metodo per conoscere e iparare il Tarocchino di Bologna, Maria Luigia Ingallati, Pendragon, 2008.
- The teachings of Jessica Vendetti, Orion & the Stone Unicorn, Gaylord, Michigan, USA.
- http://en.wikipedia.org/wiki/Tarot
- This publication utilizes public domain images and materials, while additionally making every attempt possible, to identify and to credit it's original source.

www.ingramcontent.com/pod-product-compliance
Lightning Source LLC
Chambersburg PA
CBHW070044230426
43661CB00005B/748